CB073970

Flor do Dia

Sri Prem Baba

Flor do Dia

Mensagens de amor e autoconhecimento

SEXTANTE

editora dummar

Copyright © 2016 por SRI PREM BABA

Todos os direitos reservados. Nenhuma parte deste livro pode ser utilizada ou reproduzida sob quaisquer meios existentes sem autorização por escrito dos editores.

seleção e organização dos textos: Durga Prema
revisão: Ana Grillo, Nina Lua e Tatiana Pavarino
projeto gráfico: Amaurício Cortez
capa, adaptação de projeto gráfico e diagramação: Ana Paula Daudt Brandão
ilustrações: Plateresca/ Shutterstock; Seafowl/ Shutterstock; Sundra/ Shutterstock
imagens de capa: Anastasia Zenina/ Shutterstock
impressão e acabamento: RR Donnelley

CIP-BRASIL. CATALOGAÇÃO NA PUBLICAÇÃO
SINDICATO NACIONAL DOS EDITORES DE LIVROS, RJ

P935f	Prem Baba, Sri, 1965-
	    Flor do dia: mensagens de amor e autoconhecimento /
	Sri Prem Baba. Rio de Janeiro: Sextante, 2016.
	    152 p.: il.; 15 x 15 cm.
	
	    ISBN 978-85-431-0444-7
	
	    1. Prem Baba, Sri, 1965- - Ensinamentos. 2. Autoconsciência.
	3. Vida espiritual - Hinduísmo. I. Título.

16-37063	CDD: 294.544 CDU: 233-4

Todos os direitos reservados, no Brasil, por
Editora Demócrito Dummar Ltda.
Av. Aguanambi, 282/B – Joaquim Távora – CEP 60.055-402
Fortaleza – Ceará – Tel.: (85) 3255.6256 | 3255.6270

Edição produzida em acordo com:
GMT Editores Ltda.
Rua Voluntários da Pátria, 45 – Gr. 1.404 – Botafogo
22270-000 – Rio de Janeiro – RJ
Tel.: (21) 2538-4100 – Fax: (21) 2286-9244
E-mail: atendimento@sextante.com.br | www.sextante.com.br

Introdução

Este livro é uma colheita das mais belas e marcantes flores de Sri Prem Baba. É composto por mensagens de sabedoria que servem como inspiração para uma vida mais alegre, próspera e consciente.

O *Flor do dia* é um projeto de mensagens de autoconhecimento encaminhadas diariamente por e-mail e publicadas nas redes sociais para milhares de pessoas em todo o mundo. As flores têm sido enviadas todos os dias desde 2009 e, atualmente, são traduzidas para mais de cinco línguas.

Esta seleção foi feita com o cuidado e a gentileza que são próprios do seu floricultor. Sri Prem Baba é um professor espiritual que trabalha pelo despertar da consciência amorosa, plantando sementes de amor por meio de palestras, cursos, retiros e do movimento Awaken Love (Amor Desperto, em português). Ele costuma dizer que, assim como a essência do Sol é aquecer e iluminar, a essência do ser humano é amar. Mas, devido à identificação com aquilo que é passageiro, nos esquecemos de quem somos e nos desconectamos da fonte eterna do amor que nos habita.

As mensagens colhidas e entregues aqui têm o intuito de iluminar o seu caminho rumo à lembrança de si mesmo. São inspirações que servem para confortar, guiar, instruir e, principalmente, nos reconectar com a nossa própria essência.

Que você seja visitado pela sagrada sabedoria e que suas perguntas sejam respondidas.

NAMASTÊ!

Sumário

Amor *9*

Autoconhecimento *33*

Relacionamentos *78*

Propósito *93*

Felicidade *107*

Prosperidade *115*

Espiritualidade Prática *123*

Liberdade *139*

Perdão *148*

Sobre o autor *148*

Amor

Guerreiros da Luz

O nosso trabalho aqui na Terra é a elevação da consciência, mas essa não é uma tarefa fácil. Como abrir espaço para a verdade dentro de um oceano de mentiras? Como abrir espaço para a confiança dentro de um mar de medo? Alguns têm a sensação de estar numa batalha. E é verdade! Nós somos guerreiros da Luz abrindo fendas na escuridão. E nessa longa guerra, você pode ficar cansado e ter a armadura machucada, então, num instante de vacilo, pode ser contaminado pelo medo que te chama para responder ao mal com um mal ainda maior. Mas eu estou aqui para te lembrar que a sua espada é o perdão, e o seu escudo é a gratidão. Somente com essas expressões do amor poderemos vencer essa guerra.

A meta máxima da vida

O *dharma* do Sol é iluminar e aquecer. Ele ilumina e aquece a todos por igual, não fazendo nenhuma diferenciação. O *dharma* da água é saciar a sede. Ela não escolhe religião, classe social, cor da pele ou qualquer outra coisa – ela sacia a sede de todos. O *dharma* do ser humano é amar – amar a todos, sem distinção. É ver Deus em todos e servir a todos. Quando manifestamos nosso *dharma*, podemos realizar a meta máxima da vida: a iluminação. É através do amor que a consciência humana se expande e se torna divina.

As dimensões do amor

Quando chegamos à compreensão do nosso *dharma*, ou seja, do sentido da nossa vida, nosso coração se abre como uma flor perfumada e esparge a fragrância do amor. E essa fragrância tem diferentes notas, porque o amor tem muitas dimensões. O perdão é uma dimensão do amor; a gratidão é outra dimensão do amor. Todas essas dimensões nascem dessa compreensão.

O avesso do amor

É curioso ver que muitos não aprendem com suas desilusões e seus fracassos nos relacionamentos e seguem acreditando que obterão felicidade através do outro. Essa fantasia se mantém por algum tempo, enquanto cada um vive sua vida e o casal se encontra de vez em quando. Mas quando resolvem morar juntos, a verdade aparece. Logo, a relação vira um campo de batalha. Isso ocorre porque as pessoas não querem alguém para amar, elas querem alguém para satisfazer às suas necessidades e aos seus caprichos. Elas querem se tornar donas do outro. E o pior é que a grande maioria acredita que essa obsessão em possuir é amor.

Verdadeiro significado

Amor, assim como Deus, é uma palavra que foi muito distorcida. Muita gente a usa para expressar nada. Dizem "eu te amo" quando, no fundo, sentem raiva. Mas se pudermos ser mais honestos com o uso das palavras, reencontraremos seu verdadeiro sentido. Amor, no seu estado mais puro, é sinônimo de doação desinteressada; é o desejo sincero de ver o outro feliz, de ver o outro brilhar. Essa capacidade de se doar, de ser um canal de bênçãos para o outro, é a fragrância do Divino no ser humano. É por isso que eu digo que Deus é amor e que o amor é Deus.

A força da fragilidade

Amar requer uma grande coragem: a coragem de ser humilde. Somente com muita coragem você pode ser humilde. Todo orgulhoso é um grande covarde, pois o orgulho é uma armadura que serve para impedir a revelação. Para amar, você terá que se tornar extremamente suscetível, terá que lidar com uma profunda fragilidade, terá que expor seus pontos mais vulneráveis.

Atração de Eros

Eros, ou força erótica, é uma qualidade da energia vital que se manifesta somente através da consciência humana. Ele não está presente no reino animal. Esse impulso gera uma atração que vai além do impulso biológico. Ele se assemelha à paixão, pois é um encantamento, um fogo que cresce e arrebata. E quando somos arrebatados por esse poder, somos capazes de fazer muitas coisas em nome dele. Eros é a coisa mais próxima do amor que o ser humano não desperto pode experimentar. Ele nos dá uma "amostra grátis" do amor real, o que impulsiona nossa busca por ele e, consequentemente, pela unidade.

Nada em troca

Se você ama de verdade, não pede nada em troca. Se você negocia amor, é justamente porque é incapaz de amar. A negociação funciona assim: "É atenção que você quer? Ok, eu te dou atenção, mas você vai ter que fazer exatamente o que eu quero, como eu quero." Esse é um jogo nefasto, cujo objetivo é fazer do outro um escravo para atender às suas necessidades e expectativas. Isso gera uma codependência, o que implica depender da miséria do outro para sentir-se feliz. Você precisa fazer o outro se sentir fraco para poder se sentir forte. Dessa forma, os parceiros tiram energia um do outro e reforçam a falsa ideia de eu. Eles pagam esse preço exorbitante, que é a perda da liberdade, porque estão completamente dependentes. E o pior é que ainda chamam isso de amor.

Ressignificando o passado

Como resgatar a pureza do amor? É preciso ir além das projeções e ver a alma do outro. Mas, para isso, antes, talvez você precise pôr para fora os sentimentos, talvez tenha que derramar algumas lágrimas e expressar alguns protestos que ficaram guardados. Ir além das projeções significa romper com o passado, o que quer dizer deixar de ser guiado por ele. O passado não pode ser modificado, mas sim ressignificado. E quando isso acontece, você se liberta da influência negativa dele. Essa é a essência do trabalho de cura.

Transcendência

O amor é o poder que nos permite transcender todas as nossas limitações. Nosso trabalho é remover tudo aquilo que nos impede de manifestar esse poder. Nosso desafio é remover as capas temporárias formadas pelo *karma* – capas que fecham nosso coração e restringem nossa capacidade de amar. Somente um coração aberto pode colocar o amor em movimento, e somente quando o amor está em movimento, ou seja, quando está sendo compartilhado com todos, a ascensão é possível. Portanto, nosso maior desafio é sustentar o coração aberto em todas as situações da vida.

Seiva da vida

Lokah Samastah Sukhino Bhavanthu
Que todos os seres,
em todos os mundos, sejam felizes

Amar a ponto de desejar que todos sejam felizes. Esta é a essência do ser humano: o amor. O amor é a seiva da vida, é a fragrância principal do Ser. O amor habita o núcleo mais profundo da sua interioridade.

Um passo em direção ao amor

O desvendar do amor é um processo que se inicia com a identificação das capas que o encobrem. Ao identificar seus padrões destrutivos, você dá o primeiro passo em direção ao amor. E essa identificação só é possível se houver honestidade – honestidade para aceitar suas imperfeições.

O eclipse das crenças e choques

Uma das principais características do ego humano é a necessidade de ser amado exclusivamente. A criança nasce amando e, ao mesmo tempo, querendo ser amada. Então, com o passar do tempo, o amor é eclipsado por crenças e choques adquiridos, o que faz com que a necessidade de receber amor seja maior do que a de amar. A pessoa acaba se desconectando do seu núcleo interior e se conecta à superfície, às máscaras – um falso centro é criado devido à carência. Essa é a causa de grande parte daquilo que conhecemos como sofrimento.

Marcas familiares

O que impede que sejamos canais do amor e nos faz ser canais da vingança? Mágoas e ressentimentos. A mágoa se transforma em ressentimento, e o ressentimento acorda a vingança. Portanto, para que possamos identificar o que nos impede de amar a todos os seres, é preciso antes identificar o que nos impede de amar a nossa pequena família, porque ali está o núcleo gerador das mágoas, o principal nó. É onde estão as marcas que são reeditadas e projetadas na grande família.

Plantando sementes

Quando eu olho para uma pessoa, não vejo se é homem ou mulher, muito menos penso sobre qual é o seu partido político ou a sua religião. O que eu vejo são almas. E observo se estão abertas para receber as sementes de amor. Tenho tentado plantar sementes de amor em todos, inclusive nos políticos, não importa de qual partido. Eu não me preocupo com partidos, me preocupo em encontrar caminhos para melhorar a vida das pessoas. Meu intento é acordar os valores necessários em todos os seres humanos. Pessoas boas hoje podem se tornar más amanhã; e pessoas más hoje podem se tornar boas amanhã.

Amor é Verdade

Uma famosa frase da Bíblia diz: "A Verdade vos libertará." E tenho constatado que isso é verdade. Por isso tenho dito que a honestidade é a mais urgente e necessária forma de amor que precisamos desenvolver neste momento da jornada evolutiva. Ela é a base, a fundação do templo da consciência. Se você não pode ser honesto, seu processo evolutivo é interrompido.

Comandos do coração

Minha proposta é que você se harmonize com o fluxo da vida, que possa se tornar desprendido e natural. Em outras palavras, que você possa ouvir e atender aos comandos do coração. Isso é possível somente se o coração estiver aberto. Por isso meu trabalho é para abrir o coração, para desvendar o amor.

Essência primordial

É impressionante como muitos, simplesmente, passam pela vida sem prestar atenção no significado dela, sem ter a consciência de que este planeta é uma escola, onde estamos relembrando o que é o amor e reaprendendo a amar. O amor é a seiva da vida, é nossa essência primordial. Mas nós nos esquecemos disso. E é para despertar esse amor esquecido que estamos encarnados aqui.

Onda de luz e compaixão

As pessoas às vezes estão tão distraídas, entretidas e encantadas com o próprio sofrimento que nada além da oração pode ajudá-las. Por isso eu convido você a orar pelo outro. Por onde quer que passe, afirme internamente: "Acorde. Que o amor desperte em você. Que Deus desperte em você. Que você seja feliz." Permita-se emanar essa onda de luz e compaixão, esse querer bem sem saber a quem. O amor não tem endereço para se corresponder – ele é para todos.

Convite

Prabhu ap jago paramatma jago
mere sarve jago sarvatra jago
Deus desperte – desperte em mim,
em todos e em todos os lugares

Tenho um convite a fazer: experimente – enquanto estiver andando por ruas, lojas, restaurantes, cafés, onde quer que passe – cantar esse mantra dentro de você, com a intenção de que o significado dele toque as pessoas ao seu redor. Pode ser em sânscrito ou na sua própria língua, apenas permita-se dar passagem para essa onda de amor. Quando canta esse mantra com o seu coração, você compreende o significado da palavra milagre.

Amar é ser iluminado

A iluminação espiritual é vista como algo distante, atrelado a práticas muito difíceis. São muitas as técnicas e austeridades espirituais que visam o cessar dos pensamentos e do desejar compulsivo. E tudo isso, muitas vezes, parece impossível para nós. Por isso procuro traduzir a jornada rumo à iluminação de forma mais acessível. Nosso trabalho é despertar o amor verdadeiro, o amor desinteressado. Porque todo desejar compulsivo e toda agitação mental nascem da carência, ou seja, da necessidade de ser amado.

Amor desperto

O amor desperto é um fluxo contínuo de compaixão. É quando nos colocamos no lugar do outro e sentimos a dor dele, quando reconhecemos o potencial adormecido no outro e damos força para esse potencial se manifestar. É uma vontade sincera de ver o outro brilhar, de ver o outro feliz e satisfeito. É isso que eu chamo de "autêntico altruísmo". A principal característica do amor desperto é a doação desinteressada. Assim como a flor espalha seu perfume e sua beleza gratuitamente; assim como o Sol espalha o seu calor e a sua luz; assim como a chuva molha a terra, e a água mata a sede, a essência do ser humano ama.

Autoconhecimento

Quem é você?

Toda entidade humana que encarna neste plano sofre algum choque de desamor. Isso faz parte do jogo aqui na Terra. Mas é importante conseguirmos agir menos como vítima, compreendendo por que precisamos passar por determinada situação. A meta principal da vida é responder à pergunta: quem sou eu? Mas a resposta para essa pergunta só chega quando nos libertamos do passado, indo além do jogo de acusações. Então, quando pudermos sentir gratidão por tudo e por todos que fizeram parte das nossas vidas, poderemos reencontrar nossa verdadeira identidade.

Qual é sua verdadeira identidade?

Estamos aqui para nos lembrar da nossa verdadeira identidade, nos lembrar de quem somos e do que viemos fazer aqui. Ao chegarmos neste plano, nós nos esquecemos disso. O esquecimento faz parte do jogo neste planeta – ele é um veneno para a consciência que deve ser erradicado do nosso sistema. Quem sou eu? O que vim fazer aqui? Essas são as perguntas fundamentais para o buscador da Verdade.

Descobrindo-se por inteiro

No nível mais profundo, a causa de gerarmos tanta destruição neste planeta é a ignorância a respeito da nossa verdadeira identidade. Por trás dessa destruição está o impulso de acumular bens materiais. Não sabendo quem somos, agimos com base em uma crença a respeito de quem somos, e isso gera um vazio que se traduz em uma profunda angústia. Tentamos preencher esse vazio com coisas. Você acumula para agregar valor e poder à sua falsa identidade, para aliviar a angústia causada pela falta de conexão consigo mesmo. E para ter mais coisas, você faz qualquer coisa. Essa é a raiz da destruição.

Você é a sua história?

Quem é você? Você é o seu nome, a sua história ou o seu corpo? Identificado com isso que é passageiro, você está sempre girando no círculo do sofrimento. Você está sempre correndo, ou para fugir do sofrimento, ou para obter uma alegria passageira (o que é a mesma coisa). Você está sempre fazendo e sempre se sentindo insatisfeito. Mas quando se permite parar de correr, você experimenta a calma e o silêncio, você sente a fragrância da paz e da alegria sem motivo. E é somente nesse estado que as respostas para as questões mais profundas da existência surgem.

Libertando-se do passado

O autoconhecimento e a meditação são instrumentos que nos ajudam a dissolver as capas de ilusão que nos fazem reagir com base nas dores do passado. Por meio desses instrumentos, nos libertamos da ideia de que somos uma história, um nome ou um corpo e podemos ter a lembrança de quem somos. Todo o nosso trabalho é para que possamos nos libertar dessas dores que ainda habitam o nosso sistema, não só por meio do silêncio e da meditação, mas também da liberação dos sentimentos reprimidos que nos mantêm presos às memórias negativas do passado.

A bênção do autoconhecimento

O ego é uma falsa ideia sobre quem somos. O autoconhecimento é o que possibilita o acesso à realidade de quem somos. E se é o autoconhecimento que possibilita a autorrealização, abençoados sejam os momentos em que nos dedicamos às práticas que nos dão a chance de nos conhecermos um pouco melhor. Abençoados sejam os seus esforços.

Cisão interna

A criança nasce amando e confiando, ela nasce espontânea e natural. Mas logo ela começa a aprender a sentir medo, ciúme, inveja e ódio, assim como também a usar máscaras para agradar os outros, para poder ser aceita e amada. Então, aos poucos, ela vai se distanciando da sua essência até que chega um momento em que ocorre uma cisão interna: ela se esquece completamente de quem ela é e passa a acreditar ser a máscara.

Revelações da alma

Ninguém quer sentir dor, mas às vezes é necessário abrir mão dos anestésicos e amortecedores para poder encará-la. É preciso ter coragem de lidar com a frustração daquilo com que, por alguma razão, você evita entrar em contato. Quando uma repetição negativa se torna insistente na sua vida, quer dizer que ela quer te ensinar algo que você se recusa a aprender. Nesse momento, pare e pergunte: o que você quer me ensinar? O que eu preciso aprender? Assim, aos poucos, você vai dando passagem para as revelações da sua alma.

Tempo de plantar

A impaciência é uma derivação da ansiedade. Muitos buscadores espirituais iniciam o caminho por causa do sofrimento que a ansiedade gera, mas acabam transferindo essa ansiedade para o caminho espiritual. Antes você tinha ansiedade em relação à realização material, agora você se torna impaciente e ansioso em relação à realização espiritual. Portanto, tenha calma. Através do conhecimento e das práticas, nós estamos plantando sementes, mas não podemos saber quando elas germinarão. O nosso trabalho é cuidar das sementes, sem determinar quando elas irão brotar e dar flores ou frutos.

Tempo de colher

É importante lembrar que só colhemos o que plantamos. Essa é uma lei básica da natureza. Por exemplo, se você planta couve, você colhe couve, e não outra coisa. Mas muitas vezes você questiona o que acontece na vida dizendo: "Eu estou colhendo couves, mas não plantei couves!" Isso não pode ser verdade – o *karma* nunca erra o endereço.

Abrindo mão do controle

Quando não ocupa o seu corpo e se deixa ser conduzido por impulsos inconscientes, você perde o domínio sobre a rota da jornada evolutiva. Esses impulsos se utilizam dos seus pensamentos, palavras e ações para conduzi-lo ao fracasso. Isso ocorre porque eles são oriundos daquilo que conhecemos como "sombra", um "lugar" na consciência (inconsciência) no qual escondemos tudo o que julgamos como maldade. E sendo conduzido por tais impulsos, você se sente indefeso e fragilizado, uma vítima do destino. Mas isso que você chama de "destino" é apenas um produto da falta de presença. Lembre-se de que você mesmo está se colocando nessa situação e trate de ocupar o seu veículo.

Autorresponsabilidade I

Só existe uma chave para a compreensão do casamento entre a energia vital e o sofrimento, só existe uma porta de acesso a esse núcleo da consciência que nos faz compreender o prazer em machucar e ser machucado. Essa chave é a autorresponsabilidade. Somente essa qualidade nos liberta da principal distração da jornada evolutiva: o jogo de acusação. Quando deixamos de procurar culpados pelo nosso sofrimento e compreendemos que não somos vítimas, quebramos o círculo vicioso do sofrimento.

Autorresponsabilidade II

Estamos atravessando um momento difícil. A pobreza, a violência, a corrupção... Tudo isso é um chamado para reflexão: onde nós estamos errando? Chegou o momento de assumirmos a nossa responsabilidade. É muito limitado pensar que toda a maldade do mundo está somente no coração dos criminosos e dos terroristas. A verdade é que nós somos cocriadores de tudo o que acontece. Nós criamos essa realidade.

Coração versus mente

Costumo chamar os comandos do coração de *sim*, e tudo o que vem da mente condicionada de *não*. O *sim* é a ação que nasce da presença, é o amor em movimento. O *não* nasce do passado, da agitação interna. Ele é uma forma de se defender e se proteger das possíveis ameaças da vida. O *não* é, portanto, uma reação. E sempre que estamos reagindo, criamos um sintoma muito fácil de ser identificado: as situações negativas e destrutivas se repetem nas nossas vidas.

Jogo das recompensas

Ao se deixar ser guiado pela mente condicionada, você, inevitavelmente, é lançado no sofrimento. A mente condicionada leva você para o caminho oposto àquele que o seu coração determina, ela leva você a classificar o que é certo e o que é errado e a agir com base nessa classificação. Então você aprende a fazer o que julga ser o correto apenas para receber recompensas, o que não significa que você esteja feliz com isso.

Jogo da vítima

Quando você se torna 100% responsável por tudo o que acontece na sua vida, você erradica do seu sistema um dos mais profundos vícios: o vitimismo. E um dos principais produtos da ideia da vítima é a ingratidão. Estando tomado por ela, você não consegue enxergar as oportunidades que a vida oferece – tudo é visto pelo lado negativo e se torna motivo para reclamação. A vítima é incapaz de agradecer. E é da ingratidão que nascem os pactos de vingança e os jogos de acusação. Essa é uma das raízes da guerra.

Combustível para o desejo

Um dos principais obstáculos na jornada evolutiva do ser humano é a negação. E o moralismo é um dos instrumentos que estão a serviço desse mecanismo de negação. Ele é uma espécie de conhecimento emprestado que determina o que é certo ou errado. Você avalia os seus desejos e mede suas atitudes com base nesse conhecimento emprestado. E como precisa agradar os outros porque acredita que somente assim será amado, você condena seus próprios desejos e passa a negá-los. Mas como tudo o que proibido é desejado, essa negação é apenas um combustível para o desejo.

Materializando os desejos

O desejo é um poder que faz as coisas se materializarem. A mente é a árvore de realização dos desejos, pois é onde eles são forjados. Você pode não perceber, mas está constantemente criando isso que chama de realidade. Você não percebe porque seus desejos, muitas vezes, são jogados nos porões do inconsciente e acabam sendo esquecidos. Mas, normalmente, os desejos inconscientes contradizem e se sobrepõem aos desejos conscientes, porque, sendo desconhecidos, eles ganham força e maior poder de materialização. Assim, o autoconhecimento é a única ferramenta capaz de ajudá-lo a criar a realidade de acordo com sua vontade consciente.

Transitando do eu para o nós

O nosso desafio na Terra é transformar o sofrimento em alegria. E independentemente de onde estivermos na jornada, nos movemos do *eu* para o *nós*, ou seja, nos movemos da esfera pessoal para a esfera transpessoal. Esse processo se inicia quando aprendemos a lidar com aspectos relativos à nossa história pessoal, integrando partes de nós mesmos que ficaram esquecidas. Essa integração passa por uma harmonização com a família e com o passado pessoal. E na medida em que vamos evoluindo nesse processo, que é um trabalho de cura e autotransformação, a nossa intuição vai se abrindo e vamos deixando de trabalhar na esfera pessoal para trabalhar na esfera coletiva.

Formas de pensamento

Uma pessoa sensível pode captar formas de pensamento que estão no ambiente. Assim, ela acaba absorvendo frequências de energia que podem ficar acumuladas no seu corpo. Se você sente algum tipo de tensão ou dor no corpo, mas não sabe definir o que é, isso pode significar que você está identificado com algum pensamento, com alguma história. Nesse caso, procure se desidentificar disso, o que significa purificar o sistema que ainda está contaminado pelo medo. Mas medo do quê? O medo é real ou é apenas um produto da sua imaginação? Onde você está?

Permanecendo aqui e agora

O primeiro passo para ampliar a sua percepção e o seu poder de auto-observação é ocupar o seu corpo, é colocar-se presente, ocupando cada molécula. Estando aqui e agora, não existe a possibilidade de você ser governado por impulsos inconscientes. Não estando presente, você se torna um joguete nas mãos das mais diversas forças, não somente do seu próprio passado, mas também das suas fantasias a respeito do futuro.

Observando a mente

Quando se permite sentar por alguns minutos, alinhando o corpo, fechando os olhos e concentrando a atenção na respiração, você se coloca no aqui-agora, você se coloca presente. E somente na presença você pode observar, somente na presença a consciência pode expandir. Ao observar, é possível perceber que existe uma canção psicológica, um fluxo de pensamentos repetitivos com o qual você está identificado. Estar identificado significa que isso lhe dá um senso de identidade. A sua consciência está presa nesse ponto. Então, o próximo passo é dissociar-se disso. Ao observar a mente, você deixa de ser a mente. Assim, a identificação começa a perder força.

Identificando a máscara

Um dos aspectos mais importantes a serem identificados pelo buscador de si mesmo é a máscara. A máscara é um fingir ser. Trata-se de um mecanismo que você criou para sobreviver aos choques de exclusão e rejeição. Em determinado momento, você aprendeu que, ao usar a máscara, você consegue tirar do outro alguma energia. Mas quando pode identificar a máscara, você percebe que esse é um mecanismo destrutivo, é um dos instrumentos que faz seu coração permanecer fechado, é o que lança você no inferno.

Você é um oceano

A sensação de separação faz parte da natureza deste plano da existência no qual estamos vivendo a experiência da individualidade através do ego. O ego é como uma gota de água que está separada do oceano. Estando separada, ela não se sente pertencente e desconhece que sua própria essência é o oceano. Assim é a entidade humana em evolução: tomada pela ilusão da separação, acredita ser apenas um corpo isolado, enquanto a realidade é que ela é o próprio espírito que habita todas as coisas.

Retornando ao oceano

A sensação de separação é um dos pilares da angústia existencial que permeia a vida humana. Nisso reside o sentimento de fracasso. Afinal, o que mais pode acontecer a uma gota de água separada do oceano a não ser secar e desaparecer? A única maneira de a gota sobreviver é retornando para o oceano.

Separar é guerrear

É importante que possamos tomar consciência das limitações geradas pelos condicionamentos mentais, pois eles causam separação. E a separação é a raiz da guerra. Você pode não concordar com determinada ideologia ou crença, mas isso não pode ser motivo para criar barreiras e fechar o seu coração. É muito bom que haja pessoas pensando de modo diferente, pois uma ajuda a outra a ampliar sua visão.

Cultivando a humildade

Só é possível avançar no caminho espiritual tomando consciência do estágio em que você se encontra. Por isso procuro sempre oferecer elementos para você fazer um autodiagnóstico. Mas para que você possa fazer uso desses elementos e se entregar ao processo, é preciso que pelo menos um grão de humildade esteja disponível. Sem humildade, você não avança no caminho, pois o orgulho não lhe permite entrar em contato com o que precisa ser visto e reconhecido.

Mudança de consciência

A maior parte dos chamados "seres humanos" ainda está transitando do animal para o homem. O que caracteriza o estado de consciência animal é a luta pela sobrevivência. Só é possível ancorar a consciência humana quando deixamos de simplesmente buscar sobreviver por meio da satisfação de necessidades básicas e começamos a manifestar valores humanos: cooperação, respeito, amor, verdade e assim por diante. E somente quando consolidarmos esses valores e ancorarmos a consciência humana poderemos nos mover em direção à consciência divina.

Contradição interna

Toda a vida se move em direção à união, por isso o isolamento é um estado extremamente nocivo. Ele gera uma série de distúrbios e perturbações que fazem de você um prisioneiro do labirinto da mente. Se o seu espírito se move em direção à união, mas a sua mente condicionada, acreditando que a sociedade é inimiga, faz com que você se isole e crie barreiras para a união, isso gera uma contradição interna: são duas forças se movendo em direções opostas dentro de você. E dependendo da intensidade dessas forças, você pode se sentir dilacerado e completamente impotente.

Fontes de transformação

Estamos diante de uma rara oportunidade de dar um salto quântico na nossa jornada evolutiva. No mais profundo, todas as crises são chances de aprendizado e transformação. Através delas, aprendemos a fazer um bom combate, aprendemos a usar nossa capacidade criativa e nossa inteligência para encontrar soluções construtivas. E ao usarmos o nosso potencial adormecido dessa maneira, nossa consciência se expande. Por isso sempre digo que a crise é também uma bênção.

Desvendando-se

Estar no caminho espiritual significa se tornar um explorador da consciência, é desvendar a consciência de si mesmo. Todo o universo está aqui, dentro de nós. Portanto, há muito o que desvendar, e é natural que você se depare com lugares desconhecidos, que acordam sentimentos que você não compreende. Aos poucos, na medida da sua vontade de se conhecer, você recebe a luz da compreensão. Mas esse é um processo que requer muita paciência e persistência, pois serão muitos os lugares sombrios que você vai atravessar.

Explorando-se

Conheça a si mesmo e conhecerá o universo. Aquilo que não está aqui não está em lugar algum. Por isso precisamos nos tornar exploradores da consciência. Essa é uma tarefa bastante desafiadora, porque dentro de nós existem recantos escuros, cheios de dor, sentimentos aterrorizantes e mortificantes. Mas isso faz parte da vida de um explorador de si mesmo. O seu trabalho é desenvolver o testemunhar, ou seja, é aprender a observar o que é transitório sem se identificar. Você observa e deixa passar. E, aos poucos, você vai conhecendo quem é você de verdade. Você é aquilo que permanece.

Colhendo os desafios

A vida está em constante movimento de expansão e contração. Ora nos sentimos conectados, próximos, amorosos, com o coração aberto; ora nos sentimos desconectados, fechados, distantes, navegando em um mar de incertezas e medos. Costumo chamar esses momentos de desconexão de "turbulências" – turbulências que precisamos atravessar, pois fazem parte do *karma*. Trata-se de uma colheita de desafios que muitas vezes são vistos como desagradáveis, mas que, na realidade, são presentes, pois contêm as sementes, as oportunidades de aprendizado e crescimento de que precisamos.

A ingratidão do orgulho

Nós temos o Sol, a Lua, as estrelas, a terra, o mar, as flores, os frutos... Temos toda a natureza nos oferecendo absolutamente tudo de que precisamos. E por que reclamamos? Porque ainda não estamos percebendo a dádiva que a existência nos oferece. Um dos sinais de que existe ingratidão é a reclamação. Ela é um sinal de que o eu ilusório ocupou o trono do eu real. São muitos os eus ilusórios, ou eus inferiores, e todos eles gostam de reclamar, mas ninguém reclama mais do que o orgulho. O orgulho é um reclamador profissional. Nada está à altura dele: nem toda a natureza basta para ele – ele acha que merece sempre mais!

Estabilidade mental

Num momento como este que estamos vivendo, no qual a mente coletiva está vibrando no medo e no ódio, no qual há muita confusão e conflito, é natural que essas vibrações também passem pelo seu corpo. E quando isso acontece, um link entre o processo coletivo e o seu processo pessoal ocorre sem que você possa compreender e elaborar. Então, tudo fica muito confuso, e você é tomado por sentimentos negativos. Por isso eu tenho insistido tanto na prática da auto-observação. Para transmutar o sofrimento, seja ele oriundo da esfera coletiva ou da esfera pessoal, há que se ter uma base sólida de estabilidade mental que somente a auto-observação é capaz de construir.

Provas necessárias

Muitas vezes você quer chegar ao final do curso sem ter passado pelas etapas e provas necessárias. Isso é absolutamente natural, porque, às vezes, o curso é cansativo, entediante, chato e desgastante – e às vezes é maravilhoso. É preciso aprender a lidar com essa dualidade. O que ocorre é que, ao passar por um momento difícil, você quer que o diploma chegue logo e acaba sofrendo com isso. Porém, nessa universidade da vida, não é possível obter o diploma antes da hora. Não tem como dar um jeitinho nem como comprar o diploma. Estando matriculado nessa escola, você será chamado a demonstrar se realmente absorveu os aprendizados ou se terá que repetir as lições.

Início da cura

O que podemos considerar como êxito para o ser humano é a capacidade de identificar suas contradições ou insanidades, pois esse é o início da sanidade. A identificação da doença é o início da cura. Mas entre a identificação e a cura da doença, existe um caminho e, às vezes, esse caminho é longo. Às vezes são necessários muitos procedimentos, às vezes é necessário mudar hábitos e reeducar muita coisa na sua vida. Esse é um processo atemporal, porque a cura depende de muitos fatores. Então, não se preocupe com o tempo, apenas trabalhe para identificar suas contradições.

Paciência na busca

Você é um buscador, um buscador da verdade. Em outras palavras, você é um buscador da compreensão. E essa busca leva você a lugares, às vezes, desconhecidos, que despertam sentimentos com os quais você não sabe lidar. Às vezes, você acha que encontrou, mas logo descobre que ainda não. Às vezes, você anda um tanto, mas acaba voltando um tanto. Você se expande e se contrai. Assim é a caminhada aqui. Requer comprometimento e muita paciência.

A verdade é a base para a alegria

A verdade é muito simples. A complexidade existe porque tentamos fugir da verdade. A mentira é muito complexa. Ela é a mais sutil e menos óbvia matriz do eu inferior. Ela se manifesta como autoengano – o autoengano da falsa ideia de eu. O sofrimento está sentado em cima da mentira, enquanto a verdade é a base para a alegria.

Relacionamentos

Amar é seu destino

O Sol te ilumina, independentemente do que você pensa sobre ele. A água sacia a sua sede, independentemente do que você pensa sobre ela. Sempre digo que a última prova da universidade dos relacionamentos é amar mesmo que o outro não te ame. Em algum momento, o ser humano desenvolve essa qualidade e se torna o amor, pois esse é o seu destino. Tornar-se o amor significa ter essa qualidade do Sol e da água – significa amar desinteressadamente.

Sonhando acordado

Ao se apaixonar por uma pessoa, você projeta nela todos os seus sonhos e passa a sonhar acordado. O outro faz a mesma coisa, e os dois vivem tentando manter esse sonho, evitando a verdade. Você evita a sua revelação, assim como evita a revelação do outro, porque isso ameaça o seu sonho. A verdade se torna uma ameaça, porque você prefere continuar sonhando.

Transformando os relacionamentos

As parcerias sexuais e o casamento precisam ser ressignificados. O casamento e a família representam o núcleo da sociedade. Se esse núcleo está contaminado (se não há verdade, honestidade, transparência e cooperação), não é possível haver uma sociedade justa e equilibrada. Não é de admirar que a nossa sociedade seja tão corrupta, mentirosa e destrutiva. Isso começa nos relacionamentos. Se você não é capaz de ser honesto com a pessoa que está dormindo ao seu lado, com quem você será?

Uma questão de exclusividade

Quanto mais identificado alguém for com a criança ferida, maior a sua necessidade de receber amor exclusivo. Por causa disso, o ser humano desenvolve estratégias para receber esse amor: se é atenção que o outro deseja, você a dá somente se ele fizer o que você quer. O outro se transforma num escravo para atender às suas necessidades e expectativas. Mas o outro começa a fazer a mesma coisa com você. Esse é um jogo nefasto no qual um rouba a energia do outro.

Seja livre

Tenho dito e repito que só recebemos o diploma na universidade dos relacionamentos quando deixamos o outro livre, inclusive para não nos amar. Quando chega nesse estágio, você deixa de projetar suas próprias sombras no outro e em Deus. Nesse momento, você está pronto para ser livre.

Relacionar-se é uma arte

A vida é relacionamento. Estamos constantemente nos relacionando com alguma coisa. Mas, dentro dessa infinita esfera, o relacionamento afetivo-sexual é, sem dúvida, o mais poderoso catalisador ou ativador da verdade. Se a vida é uma escola, o relacionamento é sua universidade, pois através dele temos a chance de amadurecer e ativar os valores humanos que possibilitam a nossa evolução. Isso ocorre porque o outro, independentemente de quem seja, está sempre funcionando como um espelho que reflete partes de nós que precisam ser vistas. Às vezes, o outro reflete aspectos da verdade maior e do Ser que nos habita, e às vezes reflete aspectos da realidade transitória que também nos habita.

Identificando pactos de vingança

Em um padrão de comportamento negativo que gera conflito através de uma teimosia, de um vício em brigar para defender pontos de vista e da necessidade de sempre ter a última palavra, talvez exista um pacto de vingança inconsciente. Talvez você esteja projetando o seu passado na pessoa com quem está se relacionando; tentando forçar os seus pais a ouvirem, a aceitarem, a amarem você. Então, ao observar o sofrimento e a angústia que isso gera na sua vida e na vida dos outros à sua volta, você começa a querer mudar. Aos poucos, antes de brigar, você morde a língua – escolhe deixar de atuar segundo esse padrão.

Prova final

Tenho dito que, na universidade dos relacionamentos, existe uma prova final que lhe dá a chance de concluir o curso. Não passando nessa prova, você não recebe o diploma. E a prova é deixar o outro livre, inclusive para não amar você, se ele não puder ou não quiser. Deixar o outro livre significa manter o coração aberto para ele. Você continua junto, amando, mesmo que fisicamente não seja possível estar junto, porque o outro não quer. Você não cai na armadilha de se ofender e se vingar – e você se vinga fechando o coração, retirando o amor, esfriando, se tornando indiferente.

Tensão interna

Ao aprofundar-se na prática da auto-observação, muitas vezes você percebe que a sua tensão é pelo fato de estar brigando internamente com alguém. Você está sempre defendendo algum ponto de vista e criando estratégias para ser aceito por esse alguém. Você está obstinadamente tentando atingir algum objetivo. O seu corpo está aqui, mas a sua mente está nesse outro lugar, onde não existe paz nem descanso. Isso é o inferno.

Instrumento de aferição

O principal instrumento de aferição para saber onde estamos na jornada evolutiva é o relacionamento afetivo. Por mais rígido que seja o ego, por mais astuta que seja a mente, se você sabe utilizar esse instrumento de aferição, não tem como se enganar: os pontos que precisam ser purificados aparecerão. No relacionamento, você toma consciência do que precisa mudar em si mesmo e desenvolve a humildade para fazê-lo.

Lidando com a sensibilidade

Embora os relacionamentos sejam nosso principal material de escola, o caminho espiritual é solitário. Aos poucos, você começa a precisar ficar só, até porque se torna mais sensível. Chega o momento em que você fica tão sensível que, sem esse recolhimento, você é dizimado. É como uma flor em meio a uma selva de crueldade. Porém alguns encontros são inevitáveis, e é preciso aprender a lidar com as energias que passam por você. É como digerir um alimento pesado que fica parado no estômago. Nesse momento, lembre-se da natureza – do Sol, do mar, da Lua – e, através dessa conexão com a beleza, volte para o momento presente. A beleza funciona como uma enzima que ajuda a fazer essa digestão.

Cultivando a gentileza

Compreenda que é preciso ser honesto, mas também é preciso ser gentil. Parte fundamental do processo de evolução da consciência é extirpar a violência do nosso sistema. Por isso precisamos encontrar maneiras de sermos honestos sem machucar o outro. E mesmo que você seja gentil, pode ser que a verdade machuque o outro (porque nem sempre é fácil lidar com ela). Mas, nesse caso, isso não é um problema seu, é um problema do outro.

Medo da luz

É preciso ter coragem para sustentar o êxtase na relação, o que significa sustentar o coração aberto enquanto o outro também está aberto. A conexão da energia sexual com o coração pode causar medo, pois ela gera uma poderosa onda de luz e, estando identificado com a sombra (com os círculos viciosos do sofrimento), você teme ser tocado pela luz. A escuridão é somente ausência de luz. Se você acredita ser a escuridão, quando a luz surge, você teme ser aniquilado.

Aceitando imperfeições

É impossível estar no mundo sem se relacionar. Você pode trabalhar em Wall Street, viver numa praia deserta, num monastério ou numa comunidade espiritual, mas os desafios do relacionamento sempre estarão presentes. Isso porque mudam o cenário e os personagens, mas não muda o que você carrega dentro de si. Enquanto você não olhar de frente, compreender e aceitar as suas imperfeições, sempre haverá alguém que o incomodará. Mas quando você aceita e integra as partes da sua personalidade que foram negadas, ocorre uma cura, e você se torna capaz de viver em harmonia com o outro, não importa o lugar.

O poder da energia sexual

O principal instrumento que temos para realizar o processo de integração dos aspectos negativos da nossa personalidade são os relacionamentos. Todos os tipos de relação têm esse poder, porém quanto maior o vínculo emocional, maior a sua capacidade de catalisar esses aspectos e de tornar visíveis as feridas do passado que ainda estão abertas, causando sofrimento no momento presente. Existem certos núcleos de dor que somente a energia sexual tem o poder de ativar.

Estou evoluindo?

Existem momentos da jornada evolutiva nos quais acreditamos estar nos movendo em direção à realidade espiritual, mas estamos presos, estagnados em algum ponto. Mas como saber se, de fato, estamos nos movendo, e não nos enganando? Muito simples: olhando para os nossos relacionamentos. Observando se estamos conseguindo manter o coração aberto para o outro, se estamos conseguindo ir além do jogo de acusações, se estamos conseguindo ver a luz que existe por trás da sombra do outro e se já estamos conseguindo escolher desviar dos buracos em que até então havíamos caído.

Iniciação espiritual

O relacionamento amoroso é uma iniciação espiritual. E você só completa esse ciclo quando supera a carência. Quando supera a carência afetiva, você se liberta da insegurança, do ciúme e da possessividade e, portanto, pode deixar o outro livre. E quando você deixa o outro livre, você está livre.

Espiritualidade prática

Tenho focado naquilo que chamo de "espiritualidade prática", cuja principal ferramenta são os relacionamentos. Tenho dito que, independentemente da montanha de defeitos do outro, você deve olhar para o grão de defeitos em si mesmo. Porque, se você está incomodado com o outro, significa que ele tem algo a lhe ensinar. Se você está aí, é porque precisa aprender alguma coisa nesse lugar.

Propósito

Medo da liberdade

Às vezes, o que o impede de manifestar os seus dons e talentos para a realização do seu propósito é o medo da grandeza da sua alma. Muitas vezes, o maior medo não é o de sentir dor, mas sim de ir além dela e se deparar com algo que está além dos domínios do ego e da mente, além das suas referências. Você tem medo de se mover em direção ao desconhecido, a algo que você não domina. Embora isso seja tudo o que você quer, embora seja extremamente prazeroso crescer, expandir e desenvolver sua força, você tem medo. Você tem medo de ser livre. Mas a realização do propósito da alma está intrinsecamente relacionada à liberdade.

Consciência do propósito

Muitos sofrem por não saber quais são seus dons e talentos. E muitos já sabem, mas mesmo assim sentem-se vazios e isolados. Ainda não encontraram uma razão para acordar de manhã. O que realmente propicia o sentimento de completude é a consciência do propósito da alma. Tendo essa consciência, você utiliza seus dons e talentos para fazer o que precisa ser feito. Quando você reconhece o seu propósito, suas habilidades se multiplicam e se transformam para que você possa realizar a meta da sua alma.

Reflexos de si

A injustiça cresce quando a compaixão se esvazia. Na sua origem, as crises que estamos vivendo no país e no mundo são espirituais. Elas são um reflexo do desvio do *dharma*, o propósito maior. Para um país se alinhar com o seu *dharma*, é inevitável que o sistema político se alinhe também. E para que o sistema político se alinhe, a população precisa se alinhar também, porque o sistema político é um reflexo da população. Portanto, para o país se alinhar, precisamos primeiro nos alinhar, pois o externo é um reflexo do interno.

Fragrâncias do Divino

Estamos aqui para nos alinharmos com o *dharma*, o propósito da alma. Esse alinhamento nos leva a manifestar as fragrâncias do Divino que nos habita. O nosso mais profundo eu se manifesta nesse alinhamento. Alinhar-se com o *dharma* significa mover-se em direção ao propósito maior, compreendendo que isso envolve também a aceitação do *karma* – *dharma* e *karma* andam juntos. Por isso, se você está sempre brigando com as situações que a vida lhe traz, esse alinhamento não é possível.

Serviço autêntico

Estamos passando por uma aceleração do processo evolutivo, tanto como indivíduos quanto como planeta. Apesar de haver uma grande fricção ocorrendo interna e externamente, estamos sendo levados a experienciar liberdade e união. Para aqueles que, de certa forma, já puderam ir um pouco além do egoísmo e das mazelas da natureza inferior, esse momento é um convite para se doar mais; é um convite para colocar seus potenciais, dons e talentos a serviço do bem comum. Mas isso precisa ser feito de forma autêntica, verdadeiramente amorosa e desinteressada, como na passagem da Bíblia que diz: "A mão esquerda não deve ver o que a mão direita dá."

O que você faz com seus dons?

Este novo ciclo do tempo traz raras oportunidades de crescimento. É um momento no qual temos a chance de ativar nossos potenciais e de colocar nossos dons a serviço do amor, como nunca foi possível antes. Porém, não estando alinhado com o seu propósito, com a sua missão na Terra, você será pressionado. Por isso quero propor uma reflexão: eu o convido a tomar consciência do que você está fazendo com os seus dons. A serviço do que você está colocando as suas habilidades e a sua inteligência? Da união, da construção, do amor e da cooperação? Você está trabalhando para que este mundo seja melhor ou está sendo canal da discórdia e da separação, usando o seu repertório para instigar a guerra? Não podemos continuar negligenciando o poder que nos foi dado. Não podemos prosseguir sendo canais do ódio.

Aprendizados da alma

Estamos onde devemos estar para aprender o que precisa ser aprendido. Se você está em busca de paz, alegria e amor, é preciso ter a coragem de renunciar à discórdia e ao sentimento de que há alguma coisa errada com o que a vida está trazendo e procurar compreender o que ela está tentando ensinar. Pergunte-se: por que a vida está trazendo essa situação tão difícil? Por que isso está batendo à minha porta? Determinadas situações são muito difíceis de compreender e ainda mais difíceis de aceitar, mas elas contêm respostas capazes de iluminar o núcleo da sua alma. Elas contêm informações que ajudam você a se alinhar com o seu *dharma*, o seu propósito de vida.

Fincado no propósito

Se o programa da sua alma for se recolher dentro de uma comunidade espiritual, que assim seja. Eu percebo que esse é o destino de algumas almas, até porque a vida na cidade está se tornando cada vez mais difícil. Mesmo assim, alguns têm a missão de permanecer nos grandes centros urbanos. Se o programa da alma determina que você esteja lá ou aqui, isso não é importante. O que importa é estar inteiro, onde quer que você esteja. Você tem certeza de que está onde tem que estar para fazer o que precisa ser feito?

Plenitude

Ao realizar o serviço desinteressado, você também está realizando um trabalho espiritual de purificação. O serviço é uma poderosa ferramenta de autoconhecimento. Mas não existe somente o serviço feito dentro da comunidade espiritual. O trabalho que você realiza no mundo também é uma prática na qual você pode servir ao propósito maior. Não importa qual é o seu trabalho. Se existe essa consciência do serviço, você se sente pleno, você fica feliz ao se levantar da cama de manhã.

Elo na corrente da felicidade

Ao colocar seus dons e talentos a serviço do bem maior, você se torna um elo na corrente da felicidade. A alegria, a prosperidade e o amor passam por você para chegar ao outro. Você começa a se sentir guiado e levado por algo maior do que você. Mas enquanto estiver isolado, querendo fazer tudo do seu jeito, isso não é possível. É preciso se colocar na corrente. E você faz isso quando pergunta: "Como posso servir?" Assim, você se torna um canal da felicidade.

Ser um canal do amor

Servir é colocar seus dons e talentos a serviço do propósito maior, que é a expansão da consciência. Em outras palavras, servir é tornar-se um canal do amor para fazer o outro brilhar, para fazer o outro acordar, para fazer o outro feliz. Ao servir, você se torna um elo na corrente da felicidade – a felicidade passa por você para chegar ao outro.

Razão da existência

Durante um estágio da evolução da consciência, você pode simplesmente trabalhar para ganhar dinheiro, sem se questionar a respeito do propósito daquilo que está fazendo. Mas quando sua consciência começa a expandir, você naturalmente se questiona a respeito disso, pois é a consciência do seu propósito no mundo que proporciona a sensação de pertencimento e de preenchimento que você tanto busca. Estando consciente do que veio fazer no mundo, você utiliza a sua energia e os seus dons para realizar essa meta. Você segue tendo uma razão para continuar levantando da cama todas as manhãs.

Felicidade

Grande ilusão

Um dos mais profundos condicionamentos do ser humano é acreditar que a sua felicidade depende do outro. Por causa disso, você tenta fazer do outro um escravo para atender às suas necessidades. Você exige que ele seja do jeito que você quer, porque somente assim você se sente amado. Mas se ele age um pouco diferente, sua "felicidade" acaba. Essa felicidade que depende de como o outro age é uma grande ilusão, é um produto da mente condicionada. A verdadeira felicidade é aquela que vem de dentro de você.

Fonte de sofrimento

Movidas pelo medo e pelo ódio inconscientes, as pessoas se encontram, mas não sabem o que de fato querem umas das outras. Elas estão buscando algo, mas não sabem o que é. Elas ignoram que estão procurando uma parte de si mesmas no outro e se iludem com a ideia de que o outro é a fonte da felicidade. Mas essa ideia é a fonte do sofrimento nas relações.

Pergunta decisiva

Você é capaz de influenciar o mundo. E a melhor maneira de fazer isso é transformar a si mesmo. Além da conscientização sobre as questões ambientais e sociais, você deve tratar de ser verdadeiramente feliz, porque a felicidade vai se expandindo como ondas de luz. Você deve contribuir para o planeta fazendo a pergunta: onde está a felicidade?

Em busca da felicidade interior

Você só fica satisfeito se o outro olha para você de determinada maneira. Então, você tenta fazer com que ele olhe para você sempre desse jeito, porque assim você se sente amado. Você força o outro a fazer do seu jeito para poder sentir-se feliz e amado. E se o outro não faz do jeito que você quer, você fica infeliz. Isso não é felicidade, muito menos amor. Se a sua felicidade depende do comportamento do outro, então você não é feliz. A verdadeira felicidade vem de dentro.

Você é sua felicidade interior

Eu vejo que nosso grande desafio enquanto humanidade é aprendermos a usar nossa inteligência e capacidade criativa para transcender os nossos ancestrais pactos de vingança. Precisamos nos espiritualizar a ponto de irmos além da identificação com a nossa história, que é tão permeada por choques de humilhação e exclusão. Precisamos colocar nossa consciência no momento presente, pois somente nesse lugar o amor pode fluir. Em outras palavras, precisamos aprender a ser felizes, lembrando que a felicidade está dentro de nós mesmos.

Libertando-se do círculo vicioso

Você está onde se coloca. Se algo de ruim aconteceu na sua vida, foi você quem abriu a porta para isso. Sim, é possível que você tenha encontrado alguém que tenha sido canal de uma extrema estupidez. É possível que alguém tenha sido de fato maldoso com você. Mas, por alguma razão, você precisou desse encontro que te machucou tanto. Existem pessoas que realmente não podem ser amigas, mas o problema não é esse; o problema é você ficar encantado com isso, preso num círculo vicioso que sabota a sua felicidade.

Consciência amorosa

A sua felicidade é de grande valia para a elevação da vibração do planeta e para a resolução da crise planetária. E a felicidade está intimamente relacionada com a manifestação da consciência amorosa. Por isso trabalhe para manifestar essa consciência no seu mundo, no seu universo de relações. Esse é o seu desafio.

Prosperidade

Medo da escassez

Algumas pessoas correm atrás da riqueza para fugir da pobreza. Chegam a construir impérios, mas não podem desfrutar de nada, pois são atormentadas pelo medo da perda. Esse tipo de riqueza, em algum momento, precisará cair, pois somente assim a pessoa poderá olhar de frente para o medo da escassez. Esta é uma lei psíquica: tudo que é construído com base na máscara um dia deverá cair; todas as capas temporárias criadas para fugir de alguma coisa um dia serão rasgadas.

Novo paradigma

Nós, seres humanos, mesmo com tanta miséria e sofrimento, continuamos insistindo em acreditar que tudo se resume a dinheiro. Mas precisamos ter coragem para admitir que o paradigma materialista caiu. O crescimento econômico não pode mais ser o indexador para medir o nosso desenvolvimento. O PIB não pode mais ser o fator determinante para o nosso sucesso. Dinheiro é apenas um dos aspectos da vida. É bom ter dinheiro, desde que ele não custe a destruição do planeta. Hoje não existe outra maneira de salvar o planeta a não ser por meio de uma mudança de paradigma. Chegou o momento de ampliarmos nossa visão, sem medo de fazer diferente, sem medo de sermos espirituais.

Nova consciência

Somos levados a acreditar que sucesso significa realizar-se na matéria. Somos bem-sucedidos quando produzimos uma bela obra de arte, desenvolvemos um sofisticado projeto, ocupamos um cargo importante ou ganhamos uma alta quantia de dinheiro. Eu não condeno esse tipo de conquista. Isso faz parte da vida, mas o verdadeiro sucesso acontece quando tomamos consciência daquilo que nos aprisiona, quando tomamos consciência da nossa insanidade. Ao perceber a nossa insanidade, começamos a nos tornar sãos. Ao perceber o que está inconsciente, expandimos a consciência e podemos perceber o que está além da matéria: o espírito.

Valor real

Estamos destruindo o planeta, porque não sabemos lidar com essa forma de energia que é o dinheiro. Ele é um instrumento de troca que deve estar a serviço do espírito. Damos ao dinheiro um grande valor emocional e acreditamos que ele trará a felicidade que tanto buscamos. Mas essa visão distorcida tem gerado grande sofrimento para a humanidade.

Consequência do serviço

O dinheiro deve ser uma consequência do fato de você estar colocando seus dons e talentos a serviço do amor. Dessa forma, naturalmente, o dinheiro vem para que suas necessidades sejam atendidas, desde que você realmente não tenha alguma crença ou imagem que impeça o dinheiro de circular na sua vida. Se esse é o seu caso, será necessário passar por um processo de cura. Mas esse processo ocorre naturalmente quando você se entrega ao serviço e à prática espiritual diária.

Instrumento do espírito

A ignorância em relação à nossa realidade espiritual faz com que vejamos somente a superfície das coisas. Perdemos a capacidade de enxergar o espírito que nos habita. O materialismo é o responsável por isso. Por causa dele o ser humano está sempre numa correria pelo lucro e se esquece do respeito, da gentileza, da bondade e do amor. Nos tornamos especialistas em transformar tudo em dinheiro. Tudo vira instrumento para adquirir poder. O dinheiro é uma forma de energia muito poderosa que faz parte do jogo neste mundo, porém essa energia precisa estar a serviço do espírito. Quando utilizado com sabedoria, o dinheiro é um instrumento divino, mas quando utilizado com ignorância, ele se torna uma ferramenta de destruição.

Espiritualidade Prática

Destituindo o ego espiritual

Para poder doar ao outro, é preciso ter o que doar. É preciso ser generoso consigo mesmo para poder ser generoso com o outro, o que significa poder ir além dos *nãos* rumo à sua própria saúde, prosperidade e alegria. Alguns ouvem falar de altruísmo e logo saem por aí pregando e querendo fazer caridade, mas ainda não têm o que oferecer. Esse movimento é justamente o contrário do altruísmo, pois é carregado de necessidade de reconhecimento e atenção. É uma falsa caridade, uma doação que quer algo em troca. Essa ação serve apenas para desenvolver um aspecto da natureza inferior conhecido como "ego espiritual".

Deus em ação

A essência disso que chamamos de "altruísmo" é deixar Deus agir através de nós. Para isso, o ego precisa ser anulado, porque é ele que nos faz tomar direções equivocadas. Embora o ego seja uma criação divina, ele desviou-se da Meta e seguiu um caminho próprio. Portanto, somente a partir da rendição do ego o amor divino pode agir por meio de nós.

Espiritualidade e família

Existe uma crença de que não é possível conciliar o caminho espiritual e a vida familiar, mas isso não é verdade. A sua evolução espiritual depende unicamente da sua consciência. Você pode estar vivendo uma vida monástica, praticando o celibato e ainda assim estar carregado de apegos, ou pode estar vivendo em família, mas estar vazio de apegos. O importante é não se enganar. Você está seguindo os comandos do coração ou está sendo guiado pelos impulsos da mente condicionada? Só o coração sabe o caminho. É a mente condicionada que separa a família e a vida espiritual.

Espiritualidade e ciência

Precisamos nos abrir para perceber que a espiritualidade é uma ciência que ainda não compreendemos. Chegará o dia em que não haverá mais distinção entre espiritualidade e ciência, mas ainda hoje essa dicotomia, essa separação da dimensão espiritual da vida, é o que tem alimentado tanta ignorância e gerado tanto sofrimento para o ser humano.

Vencendo obstáculos cotidianos

Você pode deixar a família para seguir um caminho monástico, acreditando estar em busca da iluminação, mas pode estar apenas tentando fugir da sua responsabilidade. Você pode não estar dando conta do aprendizado que é estar nesse lugar. Porque uma coisa é sentar para meditar dentro da caverna ou no alto da montanha; outra coisa é meditar enquanto troca a fralda do bebê. Uma coisa é praticar *yoga* na hora em que bem entende; outra é ter que acordar de madrugada com o bebê chorando.

Talvez a melhor prática de *yoga* para você seja estar em família, pois é ali que o seu ego será constantemente provocado e você terá a chance de superar seus padrões negativos, é ali que você aprenderá a sustentar a presença e o coração aberto diante dos desafios da vida e onde poderá exercitar de verdade a renúncia e o perdão.

Lugares de aprendizado

Onde quer que esteja, esse lugar é onde você deve realizar a sua prática espiritual. Se o *karma* determina que você esteja em determinado lugar no mundo, é porque ali tem um aprendizado para você. Esse é o lugar onde você deve realizar a sua oração e a sua meditação. E ao cumprir o que o *karma* determina, fazendo o que precisa ser feito, você se torna um canal do amor e da luz que ilumina aquele lugar. Isso é o que tenho chamado de espiritualidade prática.

Unindo matéria e espírito

Eu sou um renunciante e, ao mesmo tempo, um cidadão do mundo. Mas eu sou um renunciante um pouco diferente, porque trabalho para unir matéria e espírito. Meu trabalho é ensinar as pessoas a viver espiritualmente, não somente no *ashram*, no monastério ou na caverna, mas também na cidade, usando a tecnologia e a ciência para o desenvolvimento espiritual. Meu trabalho é unir tudo, mas, como um renunciante, eu não me apego a nada. Se tem cadeira para sentar, eu sento; se tem carro para andar, eu ando; se não tem, eu sento no chão, pego um trem ou um carro de boi, qualquer coisa. Não importa a forma, o que importa é perceber a realidade por trás dela.

Desperte do sonho

A espiritualidade pode ser traduzida como uma experiência da realidade – um processo de despertar de um sonho. A iluminação espiritual começa quando a imaginação cessa. Imaginação quer dizer fantasias criadas pela mente. Num clássico exemplo utilizado pelo *Vedanta*: uma pessoa que olha para um pedaço de corda vê uma cobra e, a partir dessa visão, ela cria toda uma história em torno da cobra. Quando começa a ver a corda no lugar da cobra, o seu processo de despertar se iniciou.

Busque a si mesmo

Dedique um tempo do seu dia para as práticas espirituais e para a busca de si mesmo. Faça isso até que não haja mais necessidade de se dedicar ou se esforçar, porque a sua vida se tornou a prática espiritual. Quando isso acontece, você percebe que não existe separação entre o espiritual e o material. Não importa onde esteja ou o que está fazendo, tudo é sagrado. Um verdadeiro meditador transforma tudo em meditação. Uma pessoa espiritual espiritualiza tudo – tudo se torna espiritual.

Aquiete a mente

Quando a mente se aquieta, tudo fica bom. Assim, quando Deus quer, Ele te pega. Mas eu descobri que Deus sempre quer te pegar, Ele está sempre de braços abertos. O que ocorre é que o ser humano ainda não aprendeu a usar esse instrumento que lhe foi dado, esse grande poder que é a mente.

O que é fé

Para termos êxito no caminho espiritual, precisamos desenvolver a verdadeira fé. Mas é preciso compreender o que é fé, pois essa é uma palavra que teve seu significado muito distorcido. Fé é quando tudo está desmoronando, mas você não cai. Quando você estabelece esse ponto de fé dentro de si, as vozes do ceticismo e do medo podem gritar e fazer tudo balançar, mas você não cai. Esse ponto de fé é inquebrável – é o que segura você. Esse é o êxito ao qual eu me refiro. Um ponto eterno de conexão com a realidade espiritual.

O que é paz

A paz é um fruto maduro da árvore da consciência. E o meu trabalho é ensinar caminhos para você encontrar a árvore e colher esse fruto. Você encontra a árvore por meio das práticas espirituais, mas a experiência do amor, que é o saborear da fruta, você não controla. O ego e a mente não podem determinar quando isso vai acontecer. O que você pode fazer é preparar o campo, plantar sementes e regar as mudas, mas não pode controlar quando elas irão dar frutos.

O que é espiritualidade

Espiritualidade significa se mover em direção à porta da Verdade. E ao chegar diante da porta, você precisa bater, bater, bater e bater até que a porta se abra. Esse bater à porta começa com um questionamento, com a tomada de consciência das suas insatisfações e das crenças que alimentam essas insatisfações. Na medida em que você se conscientiza das suas crenças, inicia-se um processo de ressignificação, e isso transforma completamente sua visão a respeito da vida.

Simplicidade

Tenho tentado dar passagem para o conhecimento de uma forma simples, procurando mostrar caminhos para uma espiritualidade prática. Nesse intento, estou trabalhando para ressignificar o conceito de "iluminação espiritual". Tenho dito que estamos aqui única e exclusivamente para acordar o amor desinteressado, pois esse amor desperto é sinônimo de iluminação espiritual.

Liberdade

Liberdade para escolher

Estou trabalhando para que haja cura nas relações. Refiro-me a uma mudança do eixo: querer receber menos e dar mais. Porque essa é a chave para o fim daquilo que é uma das principais causas do sofrimento neste planeta: a carência afetiva. Não depender de ninguém para ser feliz é liberdade. Você não fica com alguém porque precisa, mas simplesmente porque quer. Somente essa liberdade permite a escolha.

A um passo do real

Às vezes, para poder redirecionar os vetores da sua vontade, é bom ficar só. Principalmente quando você está muito viciado na codependência. Isso o ajudará a ter uma percepção objetiva da realidade, e essa percepção vai ajudá-lo a se libertar dos jogos da luxúria. Então, em algum momento, você estará pronto para realmente se entregar à vida espiritual – não como uma fuga do relacionamento, mas porque aprendeu o que tinha que aprender.

Liberdade é ser feliz

O que está por trás de todos esses jogos de acusação, da possessividade, do ciúme e da culpa? É você acreditar que a sua felicidade depende do outro. Essa é a ilusão básica que faz de você um escravo. A felicidade verdadeira é aquela que vem de dentro e que não depende de nada nem de ninguém. A liberdade e a felicidade caminham sempre juntas.

Perdão

O milagre do perdão

O maior milagre que pode ocorrer neste mundo é o perdão, é abrir o coração e amar de forma desinteressada. Isso é milagre.

Perdão é liberdade

Perdão é sinônimo de liberdade – ele é o que possibilita a libertação. É uma tremenda libertação ter seu coração aberto, e é uma sensação de grande aprisionamento ter seu coração fechado. Um dos principais carcereiros dessa prisão é o orgulho. E junto dele está o medo. Porque muitas vezes é extremamente humilhante ter que reconhecer o quanto você está magoado, o quanto está ressentido com a atitude do outro. E isso faz de você um prisioneiro.

Perdão é transcendência

Se você ainda não consegue perdoar aqueles que lhe fizeram mal, não se culpe. Ainda não chegou o momento. O perdão é uma flor que nasce de sementes da compreensão. Quando eu lhe digo para procurar identificar as suas contradições, quando digo para se mover em direção à transcendência das mágoas e dos ressentimentos, ou quando digo para esvaziar o seu coração da discórdia, eu estou lhe dando direções, apontando caminhos. E esses caminhos levam você ao plantio das sementes da compreensão. Mas quando elas irão florescer, não é possível determinar.

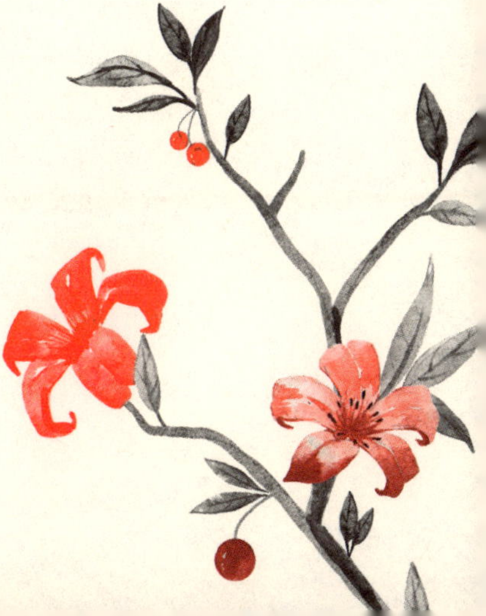

Sobre o autor

Sri Prem Baba nasceu em São Paulo. Estudou Psicologia e Yoga. Tornou-se discípulo do mestre Sri Sachcha Baba Maharaj Ji, da linhagem indiana Sachcha. Como líder humanitário e mestre espiritual, fundou o movimento global Awaken Love com o propósito de restabelecer e elevar os valores humanos para despertar a consciência amorosa. Ele divide seu tempo entre o Brasil e a Índia, onde ministra cursos, oferece palestras e retiros. É autor de *Propósito*, *Transformando o sofrimento em alegria* e *Amar e ser livre: as bases para uma nova sociedade*. É também autor das mensagens de sabedoria que chama de "Flor do dia", distribuídas diariamente para milhares de pessoas e traduzidas para vários idiomas.

Acesse: http://www.sriprembaba.org/

FOTO: SITAH

CONHEÇA OUTROS LIVROS DE SRI PREM BABA:

Propósito
A coragem de ser quem somos

"Saber qual é o propósito é saber o que viemos fazer aqui; e o que viemos fazer aqui está intimamente relacionado àquilo que essencialmente somos, ou seja, o programa individual da alma está relacionado à consciência do Ser. Assim como a laranjeira só pode dar laranjas, o ser humano só pode dar um tipo de fruto: o amor, pois o amor é a sua essência. Porém, o amor é um fruto que pode se manifestar de infinitas maneiras. Cada alma traz consigo dons e talentos que são a maneira única que o amor se expressa através de nós."

Sri Prem Baba

Transformando o sofrimento em alegria

Escrito por Prem Baba, cuja vida é dedicada a ajudar as pessoas a alcançarem seu verdadeiro propósito, *Transformando o sofrimento em alegria* é um guia prático para nos ensinar a construir a vida de realização espiritual que tanto buscamos. Nessas páginas, o mestre revela o caminho da luz rumo à superação dos padrões psicológicos que condicionam nossas ações e nos impedem de reconhecer o que sempre esteve bem diante dos nossos olhos, a essência partilhada por todos nós, a verdade última de quem realmente somos: o puro amor.

CONHEÇA OS LIVROS DE SRI PREM BABA

Propósito

Transformando o sofrimento em alegria

Flor do dia

Para saber mais sobre os títulos e autores da Editora Sextante, visite o nosso site. Além de informações sobre os próximos lançamentos, você terá acesso a conteúdos exclusivos e poderá participar de promoções e sorteios.

sextante.com.br